Jacilene Maria Silva

Movimento das mulheres e feministas:

o feminismo no (do) Brasil

Recife

2020

S586m Silva, Jacilene Maria
        Movimento das mulheres e
feministas: o feminismo no (do) Brasil / Jacilene
Maria Silva. – Recife: Independently published,
2020. 56 p.
        ISBN: 9798634040561
        1. Ciências sociais.
                                        CDD 300

Sumário

1. INTRODUÇÃO

Como aconteceu o movimento feminista no Brasil? Quais os nomes das mulheres que atuaram na luta pelos direitos das mulheres neste país? São questões que talvez muitas pessoas não saibam responder e não é de se espantar, o desenrolar do feminismo no Brasil não é algo muito explorado nos livros sobre o tema feminismo. Isso nos leva a pensar: enquanto o feminismo se difundia em países mais ricos do mundo, com as demandas sociais próprias das condições dessas mulheres, o que ocorria no Brasil? Quais as demandas nas mulheres que vivem sob as condições deste país? Neste livro, buscou-se responder brevemente essas perguntas através da retomada dos períodos históricos do Brasil sob o ponto de vista da condição imposta às mulheres na sociedade patriarcal brasileira.

Iniciamos com o período colonial, período em que o patriarcalismo brasileiro conferia aos homens posição de domínio e poder tão superior às mulheres que "castigos" e até o assassinato de mulheres, pelos seus maridos, eram autorizados pela legislação em alguns casos. Qual a evolução que tivemos desde esse tempo até hoje?

2. MULHERES NO BRASIL COLÔNIA (1530 a 1822)

Sociedade patriarcal baseada no latifúndio e na escravidão limitou as mulheres brancas ao ambiente doméstico, a única função social para essas mulheres era a de ser esposa e mãe. Deste modo, sua vida na casa grande se resumia a parir e descansar entre um parto e outro, quando não morriam de parto devido as condições sanitárias precárias da época e da medicina praticamente medieval. Por outro lado, às mulheres negras era imposto o fardo de manter o sistema de reprodução de escravos, os chamados "bastardos", que alimentava a própria escravidão. A realidade das mulheres no período colonial, portanto, não era exatamente igual, pois seus papéis e expectativas naquela sociedade, além de delimitados pelo gênero, também passavam pela delimitação da raça. No entanto, o que se pode dizer de comum às mulheres no período colonial é o fato de que todas estavam a serviço do patriarcalismo latifundiário escravista comandado por homens brancos e ricos. O corpo da mulher branca era unidade de reprodução da família patriarcal e o corpo da mulher negra unidade de reprodução do escravismo, ambos, escravismo e família patriarcal, bases da sociedade do Brasil Colônia.

As mulheres negras da época que antecedeu a abolição, além de lutarem pelo fim da escravidão, também faziam o que podiam para sabotar esse sistema que precisava dos seus corpos para se manter. Assim, elas abortavam, cortavam o próprio seio a fim de que seus corpos não fossem usados para perpetuar aquela realidade. A estratégia das mulheres da casa grande foi lutar por educação. Uma vez que seu papel se restringia ao de "dar filhos (preferencialmente, homens) ao marido" essas mulheres eram impedidas de estudar, mantidas na total ignorância. As mulheres não tinham direito de estudar, as poucas que estudavam só podiam aprender o que fosse do interesse dos seus pais ou maridos, por isso até existiam algumas "escolas para moças", mas com conteúdos curriculares extremamente limitados, tais como costura, cuidados com o lar, boas maneiras e virtudes morais de uma boa esposa e mãe.

Sem direito à educação, mulheres não podiam ser autônomas e independentes, restando a condição de submissão ignorância imposta à mulher no Brasil Colônia, que a submetia a um tipo de violência socialmente aceita e nem sequer tida como violência: a violência doméstica. A violência contra as mulheres nem sempre foi entendida como violência mesmo. A legislação vigente no Brasil colonial foi trazida pelos portugueses, era formada pelas Ordenações Filipinas, ou Código Filipino, que se tratava de uma compilação jurídica resultante da reforma do código manuelino, por Filipe II de Espanha (Felipe I de Portugal), durante o domínio castelhano. Ao fim da União Ibérica (1580-1640), o Código Filipino foi confirmado para continuar vigendo em Portugal por D. João IV. Essa legislação vigorou no país até a publicação do antigo Código Civil, em 1916. Pelas Ordenações, a mulher era incapaz para praticar atos da vida civil por entender que a mulher era um ser fraco de entendimento. Se fosse casada, a incapacidade era suprida pelo marido, seu representante legal.

Segundo a legislação vigente, as mulheres estavam sujeitas ao poder disciplinar do pai ou marido, por isso, na parte criminal das Ordenações Filipinas constava que eram isentos de pena, portanto não cometiam crime, aqueles que ferissem as mulheres com pau ou pedra, bem como aqueles que castigassem suas mulheres, desde que moderadamente, onde o que seria "moderadamente" é algo totalmente subjetivo. Os homens tinham também o direito de matar suas esposas quando encontradas em adultério, sem necessidade sequer de prova austera, era o bastante que houvesse "rumores públicos".

3. MULHERES NO BRASIL IMPÉRIO (1822 a 1889)

No Brasil Império notamos leves avanços nos direitos das mulheres. Enquanto pelo mundo afora, mais precisamente Europa e América do Norte, as mulheres lutavam por emancipação, nas terras brasileiras uma luta ainda débil se levantava sobre o brado "educai as mulheres" e Nísia Floresta (1810 – 1885) foi o nome principal desse momento. Nísia Floresta, pseudônimo de Dionísia Gonçalves Pinto foi uma educadora, escritora e poeta brasileira. Ela conseguiu estabelecer um diálogo entre ideias europeias e o contexto no qual viveu, dedicou-se ao ensino e ao estudo sobre a condição social da mulher e, por isso, é considerada pioneira do feminismo no Brasil. Nísia defendeu vários posicionamentos ousados para sua época como ideais abolicionistas, republicanas, além de feministas[1], em 1832, publicou a "tradução livre" do livro

---

1   Sua história pessoal contribuiu para isso. Dionísia Gonçalves Pinto

Vindication de *Mary Wollstonecraft*[2] (publicado pela primeira vez no Reino Unido em 1792) intitulada "Direito das Mulheres e Injustiça dos Homens".

---

nasceu no dia 12 de outubro de 1810, em uma fazenda no município de Papari, atual Nísia Floresta, no Rio Grande do Norte. Seguindo a tradição da época, segundo a qual meninas entre doze e catorze anos já estariam prontas para o matrimônio, Nísia Floresta é forçada a se casar, em 1823, com treze anos de idade. A união se dá com Manuel Alexandre Seabra de Melo, proprietário de terras, mas dura poucos meses. Separando-se do o marido, Nísia retorna para a casa de seus pais que a recebem de volta, embora seja socialmente julgada devido à atitude considerada transgressora na época Fugindo dos movimentos separatistas aconteciam na região Nordeste na época, a família mudou-se para Olinda, onde o pai acabou atuando em uma causa contra a elite local – a poderosa família Cavalcanti – e acabou assassinado em 1828, em razão dessa oposição. No mesmo ano em que seu pai morreu, Nísia começa um romance com Manuel Augusto de Faria Rocha, acadêmico da Faculdade de Direito de Olinda. Ainda que acusada de adultério pelo marido de quem havia se separado, sofrendo ameaças do inconformado com o abandono, isso não impediu que Nísia Floresta tivesse sua primeira filha com Manuel Rocha, Lívia Augusta de Faria Rocha, nascida em janeiro de 1830. Como não é de se surpreender, Nísia sofreu vários ataques machistas à sua vida pessoal. Na tentativa de depreciá-la artigos nos jornais a acusavam de ser promíscua nas relações com homens e até com suas alunas.

2   Mary Wollstonecraft (Londres, 27 de abril de 1759 – Londres, 10 de setembro de 1797) foi uma escritora, filósofa e defensora dos direitos das mulheres, inglesa, do século XVIII. Wollstonecraft escreveu romances, tratados, uma narrativa de viagem, uma história da Revolução Francesa, um livro de boas maneiras e livros infantis, entretanto, seu trabalho mais conhecido é Uma Reivindicação pelos Direitos da Mulher, de 1792, no qual argumenta que as mulheres não são, por natureza, inferiores aos homens, mas apenas aparentam ser por falta de educação e escolaridade. A autora sugere que tanto os homens como as mulheres devem ser tratados como seres racionais, e concebe uma ordem social baseada na razão.

A escritora atribuía à Portugal a situação da educação no Brasil do século XIX. Segundo ela, quanto mais ignorante o povo, mais fácil é a um governo absoluto exercer sobre ele o seu poder ilimitadamente, assim, pela educação é que seria possível se romper limites do lugar social destinado à mulher. O direito à educação foi a primeira conquista das mulheres brasileiras, que veio com uma lei em 1827, que permitia que meninas finalmente frequentassem colégios e estudassem além da escola primária, mas só em 1879 um decreto de lei permitiu que mulheres pudessem cursar o ensino superior e, apesar de estarem dentro da legalidade, muitas ainda tiveram que enfrentar preconceito ao ingressar nas universidades. Foi por essa razão que, em 1838, no Rio de Janeiro, fundou a primeira escola para mulheres, com conteúdo curricular com matérias até então vetadas do universo feminino, como ciências naturais e sociais, línguas e matemática. Nísia deixou a escola dezessete anos após sua fundação para viajar à Europa. Em 1887 Rita Lobato Freitas (1866 – 1954) foi a primeira mulher a se formar em medicina no Brasil, pela Faculdade de Medicina da Bahia, além de ser a segunda na América Latina.

Com o Brasil independente de Portugal, em 1822, algumas medidas foram tomadas no campo das leis. Uma delas foi afastar parte das normas das Ordenações Filipinas que tiveram quase 350 anos de vigência no Brasil, pelo Código Criminal de 1830, que entre as normas mudadas estão as que autorizam os castigos e a morte de mulheres, por adultério, essas permissões legais foram retiradas da lei, seguindo tendência de substituição da vingança privada pela mediação do Estado.

Porém, o Código Criminal de 1830 refletia os costumes da sociedade patriarcal brasileira daquela época, isso se revela quando constatamos que mulheres e homens não foram tratados com igualdade, quando o adultério foi tipificado, o adultério cometido pela mulher casada seria crime em qualquer circunstância, porém, para o homem casado, apenas constituiria crime se o relacionamento adulterino fosse estável e público. Assim, o único "avanço", se é que podemos assim dizer no que se refere ao direito das mulheres nesse momento foi o fato de que o Código Criminal de 1830 extinguiu a "autorização" concedida aos maridos para matar suas mulheres, em caso de adultério ou da mera suposição de que isso ocorreu. Código Criminal do Império trouxe discussões sobre crimes sexuais e principalmente o estupro. O crime de estupro de acordo com o Código Penal tinha a pena prevista de três a doze anos de detenção, mais um dote oferecido à família da ofendida, porém se a vítima fosse prostituta, a pena para o agressor do crime era diminuída para um mês a dois anos, de acordo com a redação do artigo 222 do Código Criminal de 1830:

> Art. 222. Ter copula carnal por meio de violencia, ou ameaças, com qualquer mulher honesta.
> Penas – de prisão por tres a doze annos, e de dotar a offendida.
> Se a violentada fôr prostituta.
> Penas – de prisão por um mez a dous annos.

Observa-se que o texto legal traz a expressão "mulher honesta" revelando que havia um questionamento moral sobre a vítima, julgando-se se o comportamento da mulher contribuiu de alguma forma para que o estupro acontecesse. A diminuição significativa da pena para o caso da ofendida ser prostituta só reforça essa constatação. Os artigos seguintes só pioram:

> Art. 223. Quando houver simples offensa pessoal para fim libidinoso, causando dôr, ou algum mal corporeo a alguma mulher, sem que se verifique a copula carnal.

> Penas – de prisão por um a seis mezes, e de multa correspondente á metade do tempo, além das em que incorrer o réo pela offensa.
>
> Art. 224. Seduzir mulher honesta, menor dezasete annos, e ter com ella copula carnal.
>
> Penas – de desterro para fóra da comarca, em que residir a seduzida, por um a tres annos, e de dotar a esta.
>
> Art. 225. Não haverão as penas dos tres artigos antecedentes os réos, que casarem com as offendidas.

Um destaque para o absurdo que se lê no artigo 225 <u>bastava o estuprador casar com a vítima para ficar isento de cumprir com sua pena</u>. Fica aqui a questão: quantas mulheres nesse país foram forçadas a casar com seu estuprador? Outra pergunta que podemos fazer é: a quem esses dispositivos legais pretendiam proteger? Quais valores buscavam resguardar? De pronto, nota-se que a mulher compreendida enquanto ser digno de respeito por si própria é que não é. Então, quem era o sujeito de direito protegido que essa norma pretendia resguardar? A resposta não poderia ser mais óbvia: o homem. Sim, o homem que era pai ou marido de uma mulher e não podia ter sua família "desonrada", por isso que casando-se com a moça que estuprou o problema era considerado resolvido e não havia configurada conduta criminosa.

Nos anos finais do Império o movimento abolicionista ganhava cada vez mais força no fim do império, e em 28 de setembro de 1871 a Lei do Ventre Livre garantiu a liberdade para os filhos de escravas que nasceram a partir da data da promulgação da lei. A escravidão no Brasil só foi abolida em 13 de maio de 1888.

4. MULHERES NO BRASIL REPÚBLICA (a partir de 1989)

Alguns eventos dessa época se destacam no que diz respeito aos direitos das mulheres nessa época de última década do século XIX e décadas iniciais do século XX, entre elas: o acirramento da luta pelo direito das mulheres votar; o Novo Código Civil, de 1916; as greves de 1917; a Liga para a Emancipação Intelectual da Mulher, fundada em 1919 e que mais tarde foi dissolvida para a fundação da Federação Brasileira pelo Progresso Feminino; a Semana de Arte Moderna em 1922.

A república foi proclamada em 15 de novembro de 1889, mas o direito ao voto ainda foi restrito a poucos homens e nenhuma mulher. Na Constituição Republicana, de 1891, não foi proibido de maneira óbvia que mulheres votassem, constava expressamente em seu artigo 70: "São eleitores todos os cidadãos maiores de 21 anos". Porém, travou-se discussões sobre a interpretação do termo "cidadãos". Segundo a interpretação da época, a palavra se referia aos homens, ao sexo masculino, e não aos cidadãos na forma generalizada, portanto "cidadãs" não se incluíam nesse conceito.

O advento do Código Civil de 1916 encerrou a vigência das Ordenações Filipinas no Brasil, mas no quesito "direitos das mulheres" esse código de leis ainda não representou avanços, pois continuou garantindo a hierarquização na família, conferindo ao homem o chamado "pátrio poder" e prevendo a mulher casada incapaz, enquanto subsistisse o casamento, isto é, inapta para o exercício de direitos determinados pela lei, dependendo para tanto de representação do marido. Deste modo, o homem ainda era o chefe da sociedade conjugal e a ele eram conferidos os poderes para a representação legal dos membros da família, a administração dos bens, fixação de domicílio, autorização para o trabalho da mulher, entre outros.

Outro fato histórico que se destaca como importante foram as greves operárias de 1917. Nessa época primeiras fábricas, no Brasil, começaram a abrir, o que atraiu camponeses que buscavam melhores oportunidades de salário e vida na cidade. Porém, as condições de trabalho nessas fábricas eram nefastas Não existia legislação trabalhista, por isso, as jornadas de trabalho duravam até 16 horas por dia, mulheres e crianças realizavam trabalhos pesados e os problemas relacionados ao trabalho eram resolvidos através da polícia. À fora, o mundo vivia a Primeira Guerra Mundial que era responsável pela ruína social e econômica na Europa. Ao mesmo tempo, ocorria a queda da monarquia czarista e a tomada do poder por socialistas e comunistas, na Rússia. Com a influência dos imigrantes europeus (italianos e espanhóis) que viam trabalhar no Brasil, e de suas inspirações anarcossindicalistas trazidas do forte momento política que o Velho Mundo experimentava, a classe trabalhadora se movimentou com fim de reivindicar melhores condições de trabalho nas fábricas, em sua maioria têxtil, nas quais predominava a força de trabalho feminina, por isso, esse movimento também ficou conhecido por greve das costureiras. Entre as exigências da classe trabalhadora, estavam a regularização do trabalho feminino, a jornada de oito horas e o fim do trabalho noturno para mulheres. Naquele ano, foi aprovada a resolução para salário igualitário pela Conferência do Conselho Feminino da Organização Internacional do Trabalho e a aceitação de mulheres no serviço público.

Mesmo sob a legislação civil vigente que previa a mulher como um ser débil e incapaz, em 1919, mulheres se uniram e criaram a *Liga para Emancipação Intelectual da Mulher*, no Rio de Janeiro. Com fim de reivindicar direitos às mulheres e discutir questões ligadas ao movimento feminista, a liga teve como fundadoras: a ativista feminista e bióloga, Bertha Lutz; Isabel Imbassahy Chermont; Stella Guerra Duval e Jeronima Mesquita, fundadoras do *Pró-Matre;* Júlia Lopes de Almeida, escritora; Maria Lacerda de Moura, professora. Pertencentes à elite carioca, essas mulheres de classe média e alta escolaridade que formavam a Liga circulavam entre poderosos da época, o que facilitava para que apresentassem suas reivindicações e fizessem pressão aos políticos. Essa estratégia era complementada com a divulgação na imprensa e organização de palestras sobre as bandeiras que defendiam.

Bertha Lutz[3] (1894 – 1976) se tornou uma das mais expressivas lideranças na campanha pelo voto feminino. Em 1922, organizou o *I Congresso Feminista do Brasil* e representou as mulheres brasileiras na *Assembleia Geral da Liga das Mulheres Eleitoras*, realizada nos Estados Unidos, onde foi eleita vice-presidente da *Sociedade Pan-Americana das Mulheres*. Após retornar ao Brasil, ajudou na fundação da *Federação Brasileira pelo Progresso Feminino* (FBPF), que tinha como principal bandeira era a reivindicação do voto feminino, encerrada, pois a *Liga para Emancipação Intelectual da Mulher*. A FBPF é considerada a principal instituição coletiva de mulheres no país até a década de 1970, de onde derivaram várias outras associações, como a *União Universitária Feminina*, em 1929, mas que em 1961 mudou para *Associação Brasileira de Mulheres Universitárias*. Bertha Lutz presidiu a FBPF até 1942.

---

3   Era filha de Adolfo Lutz, cientista e pioneiro da Medicina Tropical, e de Amy Fowler, enfermeira inglesa. Fez o ensino superior na Europa, formando-se em Ciências Naturais pela Universidade de Paris (Sorbonne) em 1918, com especialização em anfíbios anuros. E foi durante sua permanência na universidade que tomou contato com o movimento feminista inglês. Também se formou em Direito, em 1933, pela Faculdade do Rio de Janeiro, que depois foi incorporada à UFRJ (Universidade Federal do Rio de Janeiro).

No ano de 1922 aconteceram eventos sociais marcantes, como a criação do *Partido Comunista Brasileiro*, que se incorporou a sua pauta as reivindicações das mulheres da época, e a *Semana da Arte Moderna*. Realizada em São Paulo, no Teatro Municipal, entre os dias 11 e 18 de fevereiro de 1922, a Semana de Arte Moderna representou uma verdadeira renovação de linguagem, propondo ruptura com o passado. O evento marcou época ao apresentar novas ideias e conceitos artísticos. A quantidade de participação das mulheres na Semana de Arte Moderna foi tímida –participaram apenas três mulheres, Anita Malfatti[4] e Zina Aita expuseram quadros e Guiomar Novais tocou Chopin no piano – mesmo assim, foi um grande passo para a época, pois as mulheres eram criadas apenas para casar e ter filhos, nem direito a votar ainda podiam, portanto, essas mulheres puderam desafiar o status quo social revolucionando comportamento da época a partir de um dos locais onde menos se deu espaço às mulheres: a arte. Essas mulheres foram ousadas, usaram técnicas artísticas que não eram de "bom tom" para as

---

4   Anita Malfati, aliás, a primeira modernista a fazer uma exposição no Brasil, antes mesmo de qualquer um dos outros integrantes homens, no ano de 1917, recém-chegada de estudos no exterior.

mulheres adotarem. Essas mulheres influenciaram mudanças no comportamento e pensamento de outras mulheres que foram ser realmente notados anos depois. Não se deixa de fora dos nomes importantes dessa época Tarsila do Amaral (1886 – 1973), que, embora não tenha participado da *Semana da Arte Moderna*, porque não estava no Brasil no momento, desafiou costumes da época, se separando do seu primeiro marido, o médico André Teixeira Pinto, em 1913, alegando divergências culturais. Para ela era inaceitável assumir o papel de dona do lar e abdicar de suas pretensões artísticas. Corajosa, Tarsila enfrentou o processo de desquite que demorou anos, até 1925, para conseguir a anulação de seu casamento. Tarsila se destacou como uma das figuras mais importantes da pintura e na primeira fase do movimento modernista no Brasil.

Uma das mulheres de destaque nesse mesmo período foi Patrícia Rehder Galvão (1910 – 1962), conhecida por Pagu. Na época da *Semana de Arte Moderna*, Pagu tinha apenas doze anos de idade, mesmo assim, teve grande destaque no movimento modernista. Aos 18 anos, pouco depois de completar o curso na Escola Normal da Capital (São Paulo, 1928) integra-se ao movimento antropofágico, sob a influência de Oswald de Andrade e Tarsila do Amaral. Ela foi escritora, poeta, diretora de teatro, tradutora, desenhista, cartunista, jornalista e militante política. Embora tenha nascido em uma família burguesa conservadora, se afastou do seu meio social de origem e se juntou ao movimento comunista. Se tornou a primeira presa política da história brasileira e chegou a ir para a prisão 23 vezes.

A luta das mulheres pelo direito ao voto ainda era enfrentada, e foram o Rio Grande do Norte e Minas Gerais os primeiros estados a legalizar o voto feminino. Em 1928, foi autorizado o primeiro voto feminino (Celina Guimarães Viana, Mossoró-RN), mesmo ano em que é eleita a primeira prefeita no país (Alzira Soriano de Souza, em Lajes-RN). Ambos os atos foram anulados, entretanto abriram caminhos para a discussão sobre o direito à cidadania das mulheres. Anos depois, em 24 de Fevereiro de 1932, no governo de Getúlio Vargas, o sufrágio feminino foi garantido, sendo inserido no corpo do texto do Código Eleitoral Provisório (Decreto 21076) o direito ao voto e à candidatura das mulheres. Um ano após o Decreto de 32, foi eleita Carlota Pereira de Queiróz[5] (1892 – 1982),

---

5   Nasceu em São Paulo, em 1892, onde se formou professora e,

primeira deputada federal brasileira, integrante da assembleia constituinte dos anos seguintes. A conquista que só aconteceria plenamente depois, na Constituição de 1946.

As mulheres conquistaram o direito à participação política, mas ainda se vivia sob condições horríveis. O Código Penal vigente, de 1890 e posteriormente, o Código Penal de 1940, revelam isso. Nestes dispositivos legais, que tratam das condutas tidas como criminosas na nação, noivos, namorados, maridos e amantes acusados de matar suas companheiras, os chamados uxoricidas, ainda eram de alguma maneira protegidos. Havia duas figuras jurídicas que foram criadas para amenizar o teor dos crimes cometidos por esses homens, eram os "crimes de paixão" ou crimes passionais e da legítima defesa da honra. O Código Penal de 1890, também chamado de Código Penal Republicano, previu, no campo da responsabilidade criminal, que não serão tidos por criminosos aqueles que estivessem em estado de completa privação de sentido e de inteligência no ato de cometer o crime e, assim, os defensores dos uxoricidas se valiam dessa previsão para defender que os assassinos das mulheres estavam em completa privação de sentido no ato do crime.

---

depois, médica.

Mariza Corrêa (1981) traz à tona essa barbaridade em sua obra "Os Crimes da Paixão". Nesse livro, a autora descreve o papel desempenhado por dois grandes juristas, Evaristo de Moraes, advogado, e Roberto Lyra, promotor de justiça, nos julgamentos de crimes considerados passionais. Evaristo de Moraes era advogado dos uxoricidas e se apoiava em teses de psicologia convergentes com o entendimento de Enrico Ferri, da Escola de Direito Italiana, segundo a qual o crime passional era "provocado por uma paixão eminentemente social", oriunda do sentimento de ofensa à honra e à dignidade familiar. Uma década depois, em 1930, o promotor de justiça Roberto Lyra rebateu esses argumentos. Baseando-se também em Ferri defendeu que os acusados, em verdade, eram profundamente antissociais, questionando ridicularizando o fato de que as tentativas de suicídio dos acusados, característica essencial do passional por Ferri, eram quase sempre, e muito convenientemente, frustradas.

Por falar em como a mulher era tratada pelo direito penal, importa apontar como o estupro foi conceituado. O Código Penal de 1890 tratava do crime de estupro nos artigos 268 e 269:

> Art. 268. Estuprar mulher virgem ou não, mas honesta:
> Pena – de prisão cellular por um a seis annos.
> § 1º Si a estuprada for mulher publica ou prostituta:
> Pena – de prisão cellular por seis mezes a dous annos.
> § 2º Si o crime for praticado com o concurso de duas ou mais pessoas, a pena será augmentada da quarta parte.
> Art. 269. Chama-se estupro o acto pelo qual o homem abusa com violencia de uma mulher, seja virgem ou não.

Nota-se que a expressão "honesta" ainda não foi abolida, apenas foi considerado neste código que há casos em que mulheres não-virgens podem ser honestas, como as viúvas e casadas, por exemplo. Mas as prostitutas e as chamadas mulheres públicas ainda eram excluídas da categoria "mulheres honestas". Em 1940 foi redigido um novo código penal (este vigente até os dias atuais, mesmo tendo passado por diversas alterações). O Código Penal de 1940 não trazia muita novidade no que tange aos crimes sexuais, trazendo a expressão "mulher honesta", a exemplo, das legislações anteriores:

> Art. 213 – Constranger mulher à conjunção carnal, mediante violência ou grave ameaça:
> Pena – reclusão, de três a oito anos.

> Parágrafo único. Se a ofendida é menor de catorze anos.
> Pena – reclusão de quatro a dez anos.
> Art. 214 – Constranger alguém, mediante violência ou grave ameaça, a praticar ou permitir que com ele se pratique ato libidinoso diverso da conjunção carnal:
> Pena – reclusão de dois a sete anos.
> Parágrafo único. Se o ofendido é menor de catorze anos:
> Pena – reclusão de três a nove anos.
> Art. 215. Ter conjunção carnal com mulher honesta, mediante fraude.
> Pena – reclusão, de um a três anos.
> Parágrafo único – Se o crime é praticado contra mulher virgem, menor de 18 (dezoito) e maior de 14 (catorze) anos:
> Pena – reclusão, de dois a seis anos.

Uma inovação trazida pelo Código Penal de 1940 foi o artigo 28 que asseverou que "a emoção ou a paixão não excluem a responsabilidade penal". Mesmo assim, o argumento de legítima defesa da honra, durante um longo período, continuou sendo acolhido pela justiça brasileira, à margem da lei, para absolver homens acusados de matar as mulheres, sobretudo quando o motivo do crime era a infidelidade, ainda que suposta, da companheira. Assim, as noções de "crime passional" e de "legítima defesa da honra" não constituíam previsões legais, mas foram construídas com a intenção de absolvição de homens que assassinavam as mulheres. Isso só mudou muitos anos depois, em 1991, quando o Superior Tribunal de Justiça afastou definitivamente esse absurdo, sob o argumento de que a "honra" é atributo pessoal e, no caso, a honra ferida nesses casos a da mulher, quem cometeu a conduta tida por reprovável (traição), e não a do marido ou companheiro que poderia ter recorrido à esfera civil solicitando o divórcio.

Nesse início de século, como podemos perceber, grupos mais ou menos organizados de mulheres demandavam pelo direito ao voto, à educação superior, à ampliação das possibilidades de trabalho para as mulheres, de maneira que esse momento se dividiu em duas tendências basicamente: um dito feminismo "bem-comportado" e um feminismo "mal comportado". As seguidoras da primeira tendência não tinham pretensões de questionar por mudanças muito profundas na sociedade, como as impressões e violências que muitas mulheres aí da sofriam com escopo, inclusive, da lei. Assim, tendiam para algum nível de conservadorismo. As mulheres que se destacaram nessa tendência de "bom-mocismo" são as de classe social abastada, como Berta Lutz, por exemplo. Por outro lado, as seguidoras da segunda tendência eram mais variadas. Entre esse grupo de mulheres haviam intelectuais, anarquistas, líderes operárias. Essas, mais do que o mero direito ao voto, lutavam por direito à educação, algo ainda restrito às pessoas ricas, também se debruçaram sobre temas como a dominação masculina, as condições de trabalho das mulheres e sobre o divórcio.

5. MULHERES NA DITADURA MILITAR (1964 a 1985)

A segunda onda do feminismo fervia nos países ricos, o clima era de efervescência política e cultural nos Estados Unidos e Europa, questionava-se os valores conservadores e a organização da sociedade, nesse contexto se discutia a obra *O segundo sexo* de Simone de Beauvoir (publicado pela primeira vez em 1949) e as estadunidenses protestavam se despindo dos sutiãs em praça pública. Era o cenário possível onde se vivia sob democracia.. Mas Brasil o cenário era bem diferente, o país vivia os anos sombrios da ditadura militar, que só existiu graças ao golpe estadunidense contra a "ameaça do comunismo".

Antes do golpe, no final da década de 50 o *Partido Comunista do Brasil* já exercia um importante papel na organização das mulheres, criaram a *Federação das*

Mulheres do Brasil, que foi fechada em 1958 por Juscelino Kubitschek a pedido das senhoras católicas, pois as mulheres da Federação desenvolviam trabalhos com a população das favelas e pobre e isso entrava em choque os interesses dessas mulheres conservadoras. Assim, nos anos da década de 1960 o movimento das mulheres ficou muito enfraquecido e disperso. Por outro lado, a extrema direita se organizava unindo as mulheres brancas da classe média, ligadas a empresários, militares e à igreja. Isso porque os golpistas precisavam de apoio popular para concretizar o golpe, convencendo a população de que eles representavam "o lado certo da história", para tanto se utilizaram da *Marcha com Deus pela Família pela Liberdade*, nome comum de uma série de manifestações públicas ocorridas 19 de março e 8 de junho de 1964 no Brasil. Nessas marchas milhares de mulheres foram às ruas manipuladas pelos golpistas a fim de defender os interesses de grupos conservadores, antipopulares e anticomunistas contrários às reformas de base propostas pelo então presidente da República, João Goulart. E assim, com apoio inclusive dos Estados Unidos, os militares deram um golpe entre 31 de março e 1º de abril de 1964, encerrando governo do presidente democraticamente eleito, João Goular.

Uma das marcas mais covardes do Regime Militar foi a violência que empregaram contra as mulheres. De acordo com o Relatório da Comissão da Verdade (2014) há diversos relatos de humilhações de caráter sexual estupros em torturas contra mulheres militantes políticas. E é essa a diferença que é usada contra a mulher como uma vulnerabilidade: o sexo. Este é um trecho do Relatório da Comissão Nacional da Verdade:

> Maria Dalva Leite Castro de Bonet foi submetida ao mesmo suplício, no DOI-CODI do Rio de Janeiro: "Eu fui estuprada, como todas as outras. Não posso dizer que não fui, porque fui". Filha e irmã de militantes políticos, Ieda Akselrud de Seixas também demorou a reconhecer a violência sexual sofrida (BRASIL, 2014, p. 418)

Inserir baratas e ratos vivos nas vaginas das presas políticas torturadas foi uma prática pela qual ficou conhecido Carlos Alberto Brilhante Ustra, o primeiro militar a ser reconhecido pela Justiça como torturador. A gravidez era usada como um ponto vulnerável que os torturadores usavam para causar ainda mais dor e sofrimento às mulheres. Assim, eles torturaram crianças antes mesmo do nascimento destas. O abortamento forçado também foi empregado como instrumento de tortura. Muitas mulheres grávidas não só foram torturadas como também sofreram aborto provocado por tortura, choques elétricos, chutes na barriga etc. Também a menstruação foi explorada como vulnerabilidade para agravar o teor da tortura contra mulheres. Desaparecer com os filhos das militantes mães também era usado para torturá-las.

A face da misoginia era a face da ditadura militar, os militares simplesmente odiavam as mulheres militantes, mais ainda por serem mulheres. Para eles, elas representavam a degradação daquilo que eles consideravam "moral e bons costumes". Esses homens não suportavam a ideia de uma mulher que se metia em política e contrariava a conduta doce e a restrição ao ambiente doméstico que se esperava de uma boa esposa ou boa filha. Além disso, eles se sentiam realmente intimidados e com medo dessas mulheres que ousavam "tomar o lugar dos homens", por isso agiam com um sadismo diferenciado com as mulheres. A mulher que fosse de pensamento e atitudes livres, ao ponto de decidir ir à luta, às vezes até armada, por direitos era tão odiada por recusar o papel de submissão e obediência a um pai, marido ou irmão mais velho, que esses militares esperavam dela.

Passados os dez primeiros anos, período mais repressivo da ditadura militar no Brasil que ficou conhecido como "anos de chumbo", foi na década de setenta que o feminismo começou no Brasil enquanto movimento social propriamente dito, a partir da reunião de pequenos grupos de mulheres, entre elas estudantes universitárias, professoras, trabalhadoras de várias idades. O inimigo no Brasil era também regime e a censura. Diante dessa conjuntura social, o movimento das mulheres no Brasil tinha que se posicionar por algo mais fundamental ainda: a liberdade de pensar e se expressar. De modo que se somava às pautas que são importantes para as mulheres, como violência doméstica e sexual, a luta pela redemocratização do país, pela anistia a presos políticos e exilados e por melhores condições de vida. Uma mudança que não se pode esquecer de mencionar nesse época foi a invenção do anticoncepcional nos Estados Unidos no ano de 1962. O anticoncepcional passou a ser vendido maciçamente, inclusive no Brasil, o que influenciou o comportamento e a atuação social e política das mulheres. Estas, livres do fardo da gravidez indesejada, podiam participar mais ativamente da vida pública. Havia mais mulheres se inserindo no mercado de trabalho, nas universidades, nos partidos políticos e nos sindicatos.

As mulheres foram pioneiras na luta pela anistia durante ditadura militar. Fundado em 1975, *Movimento Feminino Pela Anistia* foi protagonista no início do debate pela anistia a presos políticos e exilados. Junto de outras mulheres, a advogada Therezinha Zerbini[6] (1928 – 2015) criou o *Movimento Feminino pela Anistia*, que reunia mães e esposas que tiveram seus filhos e maridos exilados ou presos durante a ditadura militar. Durante os anos seguintes cresceu notavelmente o apoio à anistia, resultando em diversas manifestações por toda parte do país, apoiadas por intelectuais, artistas e pela opinião pública. Aprovada em 28 de agosto de 1979, a lei nº 6.683 concedeu a anistia a todos que cometeram crimes políticos ou eleitorais e àqueles que sofreram restrições em seus direitos políticos em virtude dos Atos Institucionais (AI) e Complementares, entre 02 de setembro de 1961 e 15 de agosto de 1979. Excluiu do benefício aqueles que foram condenados por crime de terrorismo, atentado pessoal ou sequestro, mas

---

6   Therezinha de Godoy Zerbini foi uma assistente social, advogada e
    ativista de direitos humanos.

incluiu as esposas de militares que foram demitidos por AI. Além disso, permite o retorno a vida político-partidária dos anistiados, desde que em partidos legalmente constituídos (BRASIL, 1979).

Outro problema considerável que afligia as mulheres dessa época era a indissolubilidade do casamento. Bastante das opressões que as mulheres sofriam se fundamentava numa sociedade fortemente influenciada pela religião que via como base da sociedade a família patriarcal. Por isso foi tão difícil conseguir o direito ao divórcio. Mulheres que sofriam todo tipo de violência doméstica não tinham o direito de encerrar de vez o vínculo conjugal, muito menos casar novamente se assim quisesse. Mulheres eram violentadas por seus maridos e eram obrigadas a viver com eles. A Lei 4.121 de 1962 alterou vários artigos do Código Civil vigente na época, possibilitando a mulher se tornar economicamente ativa, sem necessitar de prévia autorização do marido, a mulher passou também a ter direitos sobre seus filhos, compartilhando o chamado pátrio poder.

> Porém, o divórcio ainda não existia, existia apenas o desquite – que encerrava a sociedade conjugal, com a separação de corpos e de bens, mas não

> extinguia o vínculo matrimonial. Assim, pessoas desquitadas não podiam casar novamente. As mulheres desquitadas eram estigmatizadas, pois se voltassem a se unir a alguém, a união não tinha respaldo legal. Segundo o termo jurídico, esse tipo de casal vivia "em concubinato", sendo alvo de muito preconceito, principalmente a mulher – que deixava de ser esposa para ser "concubina" – e seus filhos. O divórcio só passou a ser permitido em 1977, pela Lei 6.515. (SILVA, 2019, p. 20)

Por isso, a Lei do Divórcio foi uma conquista tão importante para as mulheres, pois essa lei trouxe como previsão o dever de manutenção dos filhos por ambos os cônjuges, na proporção de seus recursos, e abriu a possibilidade de dissolução do vínculo matrimonial, o que refletiu positivamente para as mulheres em situação de violência. Assim, pode-se dizer que pela Lei do Divórcio se galgou mais um degrau na busca da igualdade de gênero.

Foi sob este momento de passados os anos de chumbo da ditadura, da promulgação da Lei da Anistia, da Lei do Divórcio, muitas mulheres que foram exiladas pelo regime retornavam ao Brasil que nasceu o movimento de mulheres e feministas. Mas, esse movimento não era simples e homogêneo, circulavam nas organizações diversas mulheres muito diferentes entre si, por isso nem sempre suas preferências de atuação e pautas coincidiam. No entanto, a pauta das violências sofridas pelas mulheres era que mais mulheres atingia. Foi a partir da indignação dessas mulheres ligadas ao movimento de mulheres e feministas contra a absolvição dos maridos ou companheiros que assassinavam as mulheres, sob a justificativa da legítima defesa da honra, que os maus-tratos e "castigos" infligidos às mulheres passaram ser problematizados, pois até então não eram entendidos como violência propriamente dita. Começava, pois, a surgir um conceito de violência contra a mulher. Os movimentos de mulheres e feministas incorporam em suas pautas a questão violência doméstica pelo direito de as mulheres viverem sem violência onde quer que estejam, na família, nas ruas, no trabalho, nas escolas, etc. Mas, de modo geral, sabia-se que, embora importante, a letra da lei não é o bastante para mudar o fundamento social patriarcal que reservou estruturalmente às mulheres uma posição de subordinação em relação aos homens. A conquista efetiva de direitos precisava passar por vias mais afrontosas e foi esse entendimento que fez o movimento de mulheres crescer. No entanto, a ascensão do feminismo não foi um processo fácil, havia resistência até dentro da militância de esquerda em aceitar as reivindicações das mulheres e as ideias feministas. Havia, inclusive, forte resistência em torno da palavra "feminismo". As feministas sofriam preconceito e eram estigmatizadas como mulher mal amada, masculinizada, feia, até promíscuas, todo tipo de qualificação pejorativa com intuito de ridicularizar e diminuir as mulheres da militância. Por medo de serem rejeitadas ou "mal vistas", muitas brasileiras passaram a recusar o título de "feminista", por isso que nessa época se fala, principalmente em "movimento das mulheres".

> Apesar de podermos relacionar os feminismos com as mulheres de esquerda, essa relação não se dava sem contradições. Em um primeiro plano, a própria militância era permeada por discursos de virilidade, além do que o pensamento feminista era visto por muitos como "pequeno burguês". Era dupla ameaça: aos homens que perderiam privilégios e à "divisão de luta" contra a ditadura. Mesmo assim, havia a denúncia das próprias mulheres em relação ao sexismo presente nas organizações. (WOLFF; ZANDONÁ; MELLO, 2019, l. 403)

Iniciada a década de 1980 temos uma fase promissora para as feministas em relação à conquista de direitos. Nas universidades a questão de gênero se tornou objeto de estudo. A partir de 1980, também se torna primordial entre os discursos políticos uma definição da situação da mulher. Em 1983, através de decretos oficiais criou-se o *Conselho Estadual da Condição Feminina* de São Paulo e em 1985 o *Conselho Nacional dos Direitos da Mulher.*

6. MULHERES NO BRASIL REDEMOCRATIZADO (a partir de 1988)

Como podemos notar, uma das estratégias que os movimentos de mulheres adotaram foi o enfrentamento das injustiças que sofriam através do campo das reformas jurídicas. Foi assim que, gradativamente, leis discriminatórias foram alteradas ou excluídas do ordenamento legal. Assim, nos anos 80, várias organizações de mulheres foram à constituinte e conseguiram, através do que ficou conhecido por *lobby do batom*[7], introduzir na Constituição Federal de 1988, após longo período ditatorial de vinte e um anos, a igualdade entre os sexos no rol dos direitos e garantias fundamentais.

---

7   Mulheres de vários partidos se uniram e de mãos dadas ocuparam 26 cadeiras como deputadas constituintes, dando uma representatividade maior e mais significativa aos direitos da mulher

> Art. 5º Todos são iguais perante a lei,
> sem distinção de qualquer natureza,
> garantindo-se aos brasileiros e aos
> estrangeiros residentes no País a
> inviolabilidade do direito à vida, à
> liberdade, à igualdade, à segurança e à
> propriedade, nos termos seguintes:
> I – homens e mulheres são iguais em
> direitos e obrigações, nos termos desta
> Constituição; [...] (BRASIL, 1988)

Foi a primeira vez na história do Brasil que um texto legal assegurou a igualdade entre homens e mulheres em todos os campos da vida social. Deste modo, é certo afirmar que a Constituição Federal de 1988 é o grande marco para os direitos das mulheres, contribuindo, para tanto, os movimentos de mulheres.

Dentre as várias demandas dos movimentos de mulheres incorporadas ao texto constitucional, é importante dar relevo os dispositivos que se referem ao princípio da igualdade entre homens e mulheres, inclusive na sociedade conjugal (art. 226, § 5º), além da inclusão do art. 226, § 8º, por meio do qual "o Estado assegurará a assistência à família na pessoa de cada um dos que a integram, criando mecanismos para reprimir os atos de violência no âmbito de suas relações". A inserção desse artigo atribui ao Estado a obrigação de intervir nas relações familiares para coibir a violência dentro do ambiente doméstico e de prestar assistência às pessoas envolvidas. Também o pátrio poder foi afastado definitivamente da legislação brasileira.

Logo, todas as razões para o tratamento desigual dado às mulheres tanto no âmbito do direito penal quanto no direito civil, vão sendo desconstruídas ao longo dos anos, a partir da resistência e da militância das mulheres diante das várias práticas abusivas que sofriam, mas foi só no início do século XXI a expressão "mulher honesta" foi excluída dos crimes sexuais do Código Penal. Essa expressão discriminatória e moralista enfim foi abolida da legislação penal, dando lugar tão somente à palavra "mulher".

Em 2002 o Brasil passou a ter um novo O Código Civil e diversos institutos discriminatórios com as mulheres, sobretudo em Direito de Família foram abolidos. O Código Civil de 2002 retirou, por exemplo, o artigo que dizia que um homem podia pedir a anulação do casamento caso descobrisse que a esposa não era virgem. Em 2006, no governo Lula, foi sancionada a Lei nº 11.340, a Lei Maria da Penha[8], para combater a violência contra a mulher.

---

8   Maria da Penha: a farmacêutica, que dá nome à lei, precisou sofrer duas tentativas de homicídio e lutar durante quase 20 anos para, enfim, conseguir colocar seu marido criminoso na cadeia. Foi em 1983 que ela sofreu o primeiro ataque de Marco, que atirou em

A Constituição Federal de 1988 trouxe a seguinte previsão:

> Art. 226. A família, base da sociedade, tem especial proteção do Estado. [...] § 8º O Estado assegurará a assistência à família na pessoa de cada um dos que a integram, criando mecanismos para coibir a violência no âmbito de suas relações.

Porém, a negligência do estado brasileiro com o problema da violência doméstica contra a mulher era grave contra, herança cultural trágica das Ordenações Filipinas, de maneira que a conquista de uma lei que criasse mecanismos para coibir a violência doméstica e familiar contra a mulher não foi uma tarefa fácil. O caso de Maria da Penha chegou às instâncias internacionais para cobrar do Brasil efetividade no combate a esse tipo de violência. O então marido da farmacêutica Maria da Penha Maia Fernandes tentou assassiná-la duas vezes dentro da própria casa, em Fortaleza-CE, em 1983. O agressor, Marco Antonio Heredia Viveiros, colombiano naturalizado brasileiro, economista e professor universitário, atirou covardemente contra as costas da vítima enquanto ela dormia, causando-lhe paraplegia irreversível. Em outro

---

Maria. Apenas 23 anos depois uma lei de proteção foi criada.

momento, tentou eletrocutá-la no banho. Passados mais de 15 anos do ato criminoso, embora existisse duas condenações pelo Tribunal do Júri do Ceará (1991 e 1996), ainda não havia uma decisão definitiva no processo e o agressor continuava livre, motivo pelo qual Maria da Penha, o *Centro pela Justiça e o Direito Internacional* (CEJIL-Brasil) e o *Comitê Latino-Americano e do Caribe para a Defesa dos Direitos da Mulher* (CLADEM-Brasil) enviaram o caso à *Comissão Interamericana de Direitos Humanos da Organização dos Estados Americanos* (CIDH/OEA). Assim, em 2001, o Estado brasileiro, foi responsabilizado por negligência e tolerância à violência doméstica contra mulher, pela Comissão Interamericana de Direitos Humanos. A comissão recomendou que processo penal do agressor de Maria da Penha fosse finalizado, que fossem realizadas investigações sobre as irregularidades e os atrasos no processo, a reparação simbólica e material à vítima pela falha do Estado em oferecer um recurso adequado para a vítima e fossem aditadas políticas públicas voltadas à prevenção, punição e erradicação da violência contra a mulher. Então, o poder estatal brasileiro se viu obrigado a criar um dispositivo legal que trouxesse maior eficácia à prevenção e punição da violência doméstica e familiar no Brasil, e em 2006 esse mecanismo finalmente foi criado.

7. MULHERES NOS TEMPOS ATUAIS DO BRASIL

Principalmente a partir dos anos 10 do século presente nós vimos a eclosão do feminismo nas redes sociais. Aquela ideia de feminismo restrito à universidade ou à militância em partidos políticos foi aos poucos se diluindo, o feminismo saía dos livros e das reuniões dos movimentos sociais para ganhar espaço no ambiente cotidiano de tal modo que até o estigma ainda ligado à palavra "feminista" foi caindo por terra e isso contribuiu para que o feminismo ganhasse novas simpatizantes no Brasil ao longo dos anos. Ser "feminista" foi paulatinamente deixando de ser um "insulto" e se tornando sinônimo de alguém crítica e consciente da realidade.

Em 2010, o Brasil elegeu, pelo Partido dos Trabalhadores, a primeira mulher na história para presidir o Brasil: Dilma Rousseff. Dilma convocou nove mulheres para os ministérios do país, marcando história na política brasileira. Reeleita em 2014, seu mandato que deveria ir até 2018 foi interrompido em 2016 por um golpe parlamentar abrandado por um impeachment forjado, iniciado por seu adversário nas urnas e perdedor inconformado, Aécio Neves, e seus seguidores.

Em 2011, a *Marcha das Vadias*[9], movimento feminista conhecido internacionalmente, chega ao Brasil, em São Paulo, e é marcado por manifestações e protesto das mulheres por direitos, respeito e contra o feminicídio. Foi o estopim para diversos protestos organizados que aconteceriam nos anos seguintes em diversas cidades do país.

Outra importante conquista de direito para as mulheres foi em 2012 quando, através da Arguição de Descumprimento de Preceito Fundamental (ADPF) nº 54, o Supremo Tribunal Federal (STF) garantiu o direito à interrupção de gravidez à mulher grávida de feto anencéfalo. Até aquele momento, tal conduta não chegava a ser crime, na verdade se tratava conduta atípica (não prevista pela legislação penal) pois nem aborto propriamente dito chegava a ser. Isto porque "aborto" quer

---

9   Movimento que surgiu em 2011 na cidade de Toronto, no Canadá, a partir de um protesto realizado em reação ao "conselho" de um policial para evitar estupros dizendo que "as mulheres evitassem se vestir como vadias (*sluts*, no idioma original), para não serem vítimas".

dizer interrupção da "vida" intrauterina, e o feto anencéfalo, uma vez que não possui cérebro, não tem sistema nervoso central, ou seja, não tem consciência ou sente qualquer intervenção (algo vegetativo), gera uma discussão sobre o sentido de vida. A ação foi proposta em 2004 pela *Confederação Nacional dos Trabalhadores na Saúde* (CNTS), mas só foi julgada depois de oito anos, numa votação com a participação dos 11 ministros do Supremo Tribunal Federal durante os dias 11 e 12 de abril de 2012. A aprovação se deu com 8 votos a favoráveis, e 2 votos contrários. Em seu voto, o ministro Marco Aurélio Mello, o relator, defendeu que no caso do anencéfalo não existe vida em potencial. Ao contrário, a mulher é biologicamente viva, consciente e suscetível aos traumas gerados por esse tipo de gestação. De modo que não se pode exigir da mulher aquilo que o próprio Estado não lhe pode garantir mediante manobras médicas, assim submeter a mulher a tal sacrifício desrazoado seria como mantê-la em cárcere em seu próprio corpo! Embora também tenha enfatizado questões sociais, Mello baseou a maior parte do seu voto em argumentos científicos, apresentados por especialistas durante Audiência pública organizada pelo Supremo em 2008. O entendimento defendido pelo relator foi compatível com a ciência, mas gerou protestos e críticas por parte de grupos religiosos, principalmente, entre eles católicos, espíritas e evangélicos, que condenaram a decisão do STF em razão de suas crenças particulares de que, mesmo sem cérebro, o feto deve ser protegido em detrimento da saúde da mulher. Mesmo assim, por fim entendeu-se que mulher não é mera encubadora, ou pior, caixão ambulante! Mas não sem algumas posições retrógradas e vergonhosas, beirando a desumanidade. Em seu voto o ministro Antonio Cezar Peluso foi pela improcedência, defendendo que o estado emocional da mulher grávida de feto anencéfalo como "desagradável". Entre outros, afirmou que o sofrimento é algo inerente à experiência humana e que o sofrimento dignifica! Peluso reduziu cada mulher a um útero sem qualquer autonomia. Apesar de posicionamentos como o de Peluso, à mulher, foi reconhecido o direito de escolher se quer ou não interromper a gestação de feto acometido por anencefalia sem ser considerada uma criminosa. Assim, essa decisão do STF não descriminalizou o aborto, nem criou exceção à conduta prevista no Código Penal Brasileiro, apenas compreendeu que a interrupção terapêutica induzida da gravidez de um feto anencéfalo não configura aborto.

Porém, optar ou não pela interrupção de gravidez nessas circunstâncias é uma decisão que cabe exclusivamente mulher que carrega o feto em seu ventre.

E por falar em interrupção de gravidez, aborto ainda é uma questão que enfrenta a barreira da sociedade brasileira machista e fortemente influenciada pelo moralismo religioso. Embora seja descriminalizado em vários países mais desenvolvidos, atualmente no Brasil, o aborto é altamente restrito, só não sendo punido quando praticado por médico – conforme se verifica no art. 128 do Código Penal Brasileiro – apenas sob duas circunstâncias: se não há outro meio de salvar a vida da gestante – o chamado "aborto necessário"; se a gravidez resulta de estupro e o aborto é precedido de consentimento da gestante ou, quando incapaz, de seu representante legal – que é o "aborto no caso de gravidez resultante de estupro".

Se aborto é punido com prisão por um lado, por outro falta apoio às mães. O Brasil tem 5,5 milhões de crianças sem pai no registro[10]. De acordo com dados divulgados

---

10 Paternidade responsável: mais de 5,5 milhões de crianças brasileiras não têm o nome do pai na certidão de nascimento: http://www.ibdfam.org.br/noticias/7024/Paternidade+respons%C3%A1vel%3A+mais+de+5%2C5+milh%C3%B5es+de+crian%C3%A7as+brasileiras+n%C3%A3o+t%C3%AAm+o+nome+do+pai+na+certid%C3%A3o+de+nascimento

pelo Conselho Nacional de Justiça (CNJ), levando em conta o Censo Escolar de 2011, nosso país tem 5,5 milhões de crianças sem o nome do pai na certidão de nascimento. Estes números apontam para problemas alarmantes, como o fato de mulheres assumirem a responsabilidade de criarem os filhos sozinhas, com todas as despesas, muitas vezes sem ter condições financeiras para isso. Mesmo que tenha o nome do pai no registro, ainda não quer dizer que a criação é dividida. Segundo dados do instituto Data Popular, nosso país tem 67 milhões de mães, sendo que 31% delas criam seus filhos sem o parceiro[11]. Ou seja, o Brasil tem mais de 20 milhões de mães solo[12]. Estes dados apontam para a desigualdade de gênero como um problema ainda enraizado em nossa cultura. Existe a concepção no senso comum de que a mulher "engravidou porque quis" e, por isso, criar um filho é o papel dela exclusivamente. O ditado popular no Brasil diz "ser mãe é padecer no paraíso", romantizando, assim, o padecimento de várias mulheres enquanto os

---

11 Brasil tem mais de 20 milhões de mães solteiras, aponta pesquisa: https://agenciabrasil.ebc.com.br/geral/noticia/2015-05/brasil-tem-mais-de-20-milhoes-de-maes-solteiras-aponta-pesquisa

12 O termo "mãe solo" é utilizado ao invés ultrapassado termo "mãe solteira" para desvincular o papel de criar um filho sozinha ao estado civil da mulher.

homens simplesmente seguem com suas vidas normalmente após se tornarem pais.

Esses assuntos são pautas frequentes das movimentações feministas no Brasil contemporâneo, que se articulam sobretudo com auxílio da internet. Movimentos consideráveis já surgiram através das plataformas digitais. Como manifestação feminista virtual que movimentou o Brasil em 2014, que ficou conhecida como "eu não mereço ser estuprada". O protesto foi uma iniciativa da jornalista Nana Queiroz que ganhou as redes em resposta a uma pesquisa do Instituto de Pesquisa Econômica Aplicada (Ipea), órgão do governo federal, apontou que 65% dos brasileiros acreditam que mulher que mostra o corpo merece ser estuprada. Milhares de pessoas aderiram ao movimento no Facebook, postando fotos trazendo a frase "eu não mereço ser estuprada" escrita no corpo ou em cartazes. Um dia após a divulgação desses dados, o instituto do governo informou que errou ao divulgar pesquisa sobre estupros, que o percentual correto é 26% e não 65%. Constatado erro, diretor de Estudos e Políticas Sociais pediu exoneração. Mesmo assim, ainda é um dado assustador que mais de ¼ da sociedade brasileira aponte para a tolerância à violência contra as mulheres e ainda culpabilizam a vítima[13].

Outra manifestação feminista virtual que movimentou o Brasil foi em 2015, quando a hastag #MeuPrimeiroAssédio movimentou a internet no Brasil inteiro e reuniu relatos de diversas mulheres mostrando que o primeiro assédio acontece geralmente enquanto elas ainda eram crianças. Outra campanha desse tipo foi a #MeuAmigoSecreto, que teve como fim expor atitudes machistas de colegas e conhecidos através de "indiretas" no Twitter e Facebook descrevendo com humor ácido essas atitudes sem dizer diretamente quem era o tal "amigo secreto".

> Os números da violência contra a mulher no Brasil são estarrecedores, o Brasil ocupa o 5º lugar no ranking mundial de Feminicídio, a média é de 13 mortes por dia, o dado está de acordo com o Alto Comissariado das Nações Unidas pra os Direitos Humanos (ACNUDH) 1. Por isso, a partir de 2015, o Brasil, através da Lei 13.104 alterou o Código Penal, tipificando o feminicídio como "homicídio doloso contra a mulher por

---

13 Ipea diz que são 26% e não 65% os que apoiam ataques a mulheres: http://g1.globo.com/brasil/noticia/2014/04/ipea-diz-que-sao-26-e-nao-65-os-que-apoiam-ataques-mulheres.html

razões da condição de sexo feminino" e considerando "que há razões de condição de sexo feminino quando o crime envolve: I – violência doméstica e familiar; II – menosprezo ou discriminação à condição de mulher". Antes dessa alteração, quando um homem assassinava uma mulher não se fazia questão sobre quais as motivações que existiam por trás do crime, se podia ser – como muitas vezes é – misoginia. (SILVA, 2019, p. 37)

Em 2015, a Lei do feminicídio alterou o código penal para incluir mais uma modalidade de homicídio qualificado, o feminicídio: quando crime for praticado contra a mulher por razões da condição de sexo feminino. Mas, mesmo com endurecimento da lei, o Brasil ainda coleciona histórias estarrecedoras de violência contra a mulher. Como, por exemplo, em 2016 quando uma menina de 16 anos que foi vítima de um estupro coletivo em uma comunidade da Zona Oeste do Rio de Janeiro[14]. Sua declaração "quando acordei tinha 33 caras em cima de mim" tomou os protestos feministas no Brasil, como a *Marcha das Vadias*, naquele ano. Um levantamento recente

---

14 "Quando acordei tinha 33 caras em cima de mim", diz menina que sofreu estupro coletivo: https://oglobo.globo.com/rio/quando-acordei-tinha-33-caras-em-cima-de-mim-diz-menina-que-sofreu-estupro-coletivo-19380492

apontou que casos de feminicídio, isto é, de mulheres assassinadas em razão do gênero, aumentam 7,3% em 2019[15]. Mesmo depois do enrijecimento da lei os números desse tipo de violência continuam crescendo, este fato nos põe diante da questão: se endurecer a lei não garante, por si só a diminuição da violência baseada no gênero, o que mais devemos fazer? É uma das grandes problemáticas para o movimento feminista no Brasil atual.

O feminismo no Brasil tem como maior característica sua diversidade, assim, não se resume à luta por equiparação do direito das mulheres ao dos homens. Há organizações específicas de feministas negras, indígenas, homossexuais, trabalhadoras etc. Permanece a luta pela erradicação da violência doméstica, maior representatividade política, amamentação em lugares públicos, direito ao aborto e somam-se a essas as demandas do novo milênio com a inclusão de novos temas à agenda do movimento como questões referentes à diversidade sexual, ao racismo, a problematização da maternidade como uma obrigação social, a exploração capitalista do

---

15 Casos de feminicídio aumentam 7,3% em 2019, aponta levantamento: https://www.cartacapital.com.br/sociedade/casos-de-feminicidio-aumentam-73-em-2019-aponta-levantamento/

corpo da mulher, entre outros. Na frente dessa luta esteve Marielle Franco (1979 – 2018). Mulher, negra, feminista, lésbica, mãe, socióloga e defensora dos direitos humanos, Marielle foi assassinada no dia 14 de março de 2018. Marielle e o motorista, Anderson Gomes, foram covardemente baleados dentro de um carro. A suspeita é de execução, mas as respostas sobre os mandantes do crime permanecem em aberto. Toda sua vida política foi dedicada à defesa dos direitos humanos e contra ações violentas nas favelas. Marielle era parte da nova geração de mulheres da favela que chegava às universidades e se tornou uma inspiração e um símbolo de resistência e coragem.

O machismo no Brasil não é novidade, como podemos perceber ao longo deste texto, no entanto a eleição de um homem famoso por declarações misóginas marcam retrocesso no Brasil. Com apoio das igrejas evangélicas neopentecostais, Jair Bolsonaro, um deputado que pode ser classificado como medíocre para baixo, que durante quase 30 anos na política só aprovou dois projetos de lei, foi eleito em segundo turno para presidência do Brasil, em 2018. Frases que desqualificam a estética ou com conotação sexual, de conteúdo misógino, sexista e machista são comuns nas declarações públicas desse homem. Pior é que, diante de uma sociedade patriarcal, falas sexistas estão arraigadas em sua estrutura e acabam sendo reproduzidas e naturalizadas pela população em geral. Entre outras atitudes repugnantes atribuídas a Bolsonaro está o fato de afirmar que torturador Brilhante Ustra é um "herói nacional", além de exaltá-lo publicamente como tal. Mas não foi à revelia dos movimentos de mulheres que essa eleição se deu. A eleição de Bolsonaro é o anúncio de uma fase de retrocesso e ataque aos direitos das mulheres. Sob esse governo políticas públicas para as mulheres foram prejudicadas, como desinvestimentos em campanhas, acolhimento, atendimento, e educação. As mulheres foram as primeiras a se levantarem contra o autoritarismo machista de Bolsonaro ainda durante o processo eleitoral, mobilizando milhares de pessoas em todo país nas manifestações do "Ele Não", que rejeitavam Bolsonaro sob qualquer hipótese.

8. CONSIDERAÇÕES FINAIS

É fato que a luta feminista garantiu às mulheres direitos negados durante muito tempo. Direitos que hoje parecem resolvidos, problemas ultrapassados, como direito a estudar, a ter uma profissão e poder exercê-la, a votar e a ser candidata a cargo político, o direito a se divorciar ou até a nunca se casar se não quiser. Porém, será que essas são conquistas plenamente garantidas nos dias de hoje? Hoje, as mulheres têm direito de estudar e almejar uma profissão, mas como se dá o acesso das mulheres ao mercado de trabalho? Como as mulheres são recepcionadas em profissões e cursos ainda hoje considerados masculinos? Como é a realidade salarial das mulheres que ocupam a mesma função dos homens? Mulheres têm direito a votar e serem candidatas a cargos eletivos. Mas quantas mulheres conseguem participar da política? Quando uma mulher decide dar fim a relação abusiva ou infeliz será que sua decisão vai engrossar as estatísticas de feminicídio? E quanto às mulheres negras, as dificuldades que elas enfrentam por serem mulheres são somadas ao racismo? Infelizmente sabemos que as respostas a essas perguntas não são animadoras, por isso que no Brasil ainda há muito o que ser trabalhado na militância e nos estudos que compõem a luta feminista. Este trabalho é um convite, pois, para o enfrentamento dessas questões que têm como norte, primeiramente, um ideal de justiça.

REFERÊNCIAS

BRASIL. Lei nº 3071, de 01 de janeiro de 1916. **Código Civil dos Estados Unidos do Brasil**. Rio de Janeiro, RJ, Disponível em: http://www.planalto.gov.br/ccivil_03/LEIS/L3071.htm. Acesso em: 08 mar. 2020.

BRASIL. Decreto de 16 de dezembro de 1830. Código **Criminal do Império do Brazil**. Rio de Janeiro, RJ, Disponível em: http://www.planalto.gov.br/ccivil_03/leis/lim/lim-16-12-1830.htm. Acesso em: 08 mar. 2020.

BRASIL. Decreto nº 847, de 11 de outubro de 1890. **Código Penal dos Estados Unidos do Brazil**. Rio de Janeiro, RJ, Disponível em: https://www2.camara.leg.br/legin/fed/decret/1824-1899/decreto-847-11-outubro-1890-503086-publicacaooriginal-1-pe.html. Acesso em: 08 mar. 2020.

BRASIL. Lei nº 6515, de 26 de dezembro de 1977. Regula os casos de dissolução da sociedade conjugal e do casamento, seus efeitos e respectivos processos, e dá outras providências. Brasília, Disponível em: http://www.planalto.gov.br/ccivil_03/leis/L6515.htm. Acesso em: 31 mar. 2020.

BRASIL. Lei nº 6683, de 28 de agosto de 1979. Concede Anistia e dá outras providências. Brasília, Disponível em: http://www.planalto.gov.br/ccivil_03/LEIS/L6683.htm. Acesso em: 31 mar. 2020.

BRASIL. Decreto-lei nº 2848, de 07 de dezembro de 1940. **Código Penal**. Rio de Janeiro, RJ, Disponível em:

http://www.planalto.gov.br/ccivil_03/decreto-lei/del2848compilado.htm. Acesso em: 08 mar. 2020.

BRASIL. Lei nº 11.340, de 7 de agosto de 2006. Cria mecanismos para coibir a violência doméstica e familiar contra a mulher, nos termos do § 8º do art. 226 da Constituição Federal, da Convenção sobre a Eliminação de Todas as Formas de Discriminação contra as Mulheres e da Convenção Interamericana para Prevenir, Punir e Erradicar a Violência contra a Mulher; dispõe sobre a criação dos Juizados de Violência Doméstica e Familiar contra a Mulher; altera o Código de Processo Penal, o Código Penal e a Lei de Execução Penal; e dá outras providências... Brasília, DF, Disponível em: http://www.planalto.gov.br/ccivil_03/_ato2004-2006/2006/lei/l11340.htm. Acesso em: 08 mar. 2020.

BRASIL. Relatório. **Comissão Nacional da Verdade**. Recurso eletrônico. Brasília: CNV, 2014. 976 p. (Relatório da Comissão Nacional da Verdade; v. 3) Disponível em: http://cnv.memoriasreveladas.gov.br/images/pdf/relatorio/volume_1_pagina_275_a_592.pdf. Acesso em: 31 mar. 2020.

CORRÊA, Mariza. **Os Crimes da Paixão**. São Paulo: Brasiliense, 1981. (Coleção Tudo é história, nº 33).

SILVA, Jacilene Maria. **Feminismo na atualidade: a formação da quarta onda**. Recife: Independently Published, 2019.

WOLFF, Cristina Scheibe; ZANDONÁ, Jair; MELLO, Soraia Carolina de. **Mulheres de Luta: feminismo e esquerdas no Brasil (1964-1985)** [recurso eletrônico] Curitiba: Appris, 2019.